Günther Stockinger
Reinhard Strippelmann

ATHOS

Die Mönche vom
Heiligen Berg

Insel

Für Cathy und Carol, Jakob und Jonas

Erste Auflage 1996

Fotonachweis am Schluß des Bandes
Druck: Aprinta GmbH, Wemding
Printed in Germany

Athos
Die Mönche vom Heiligen Berg

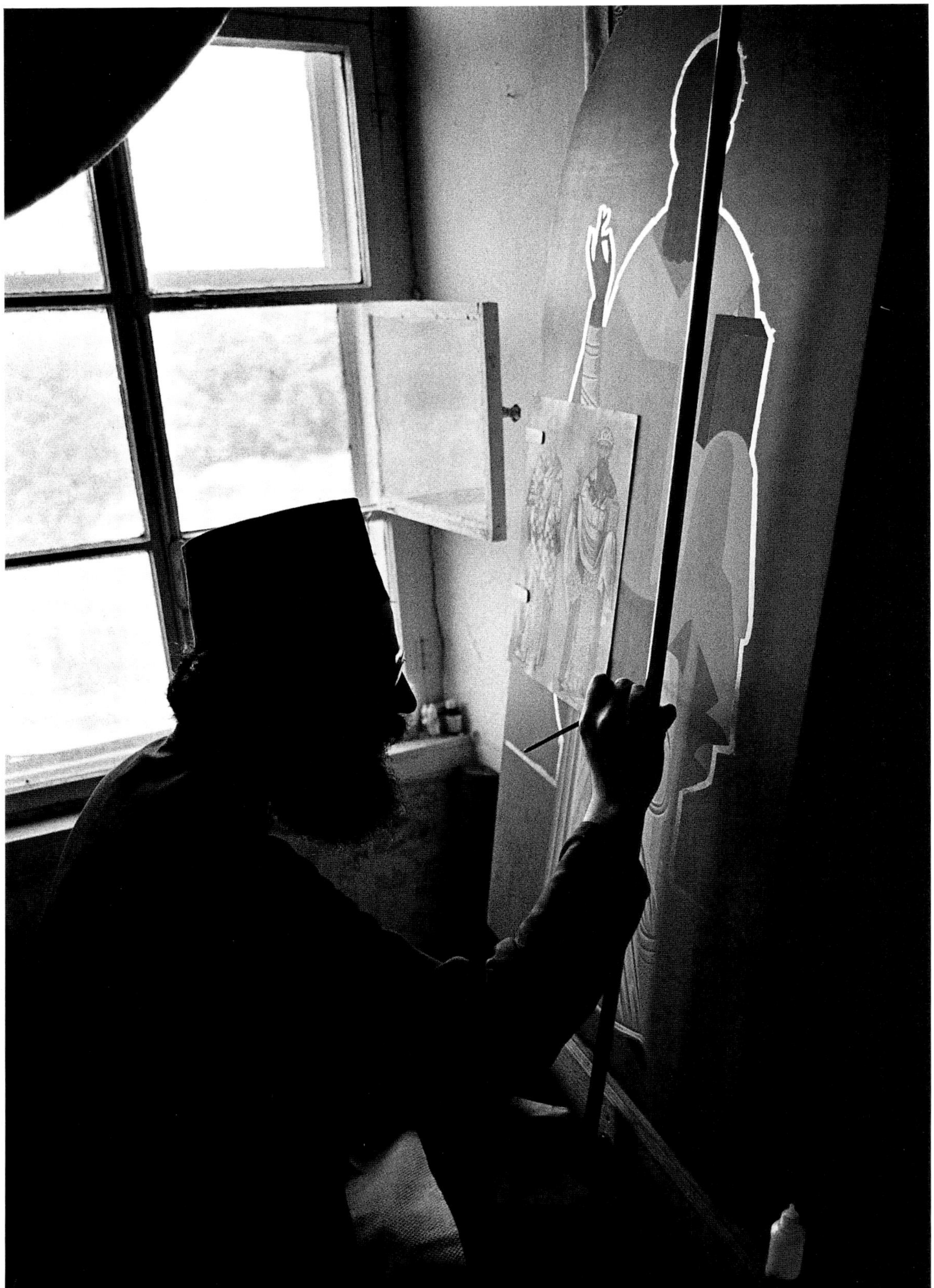

ΑΡΧΩΝ ΓΑΒΡΙΗΛ

ΣΥΛΒΕϚΡΟ

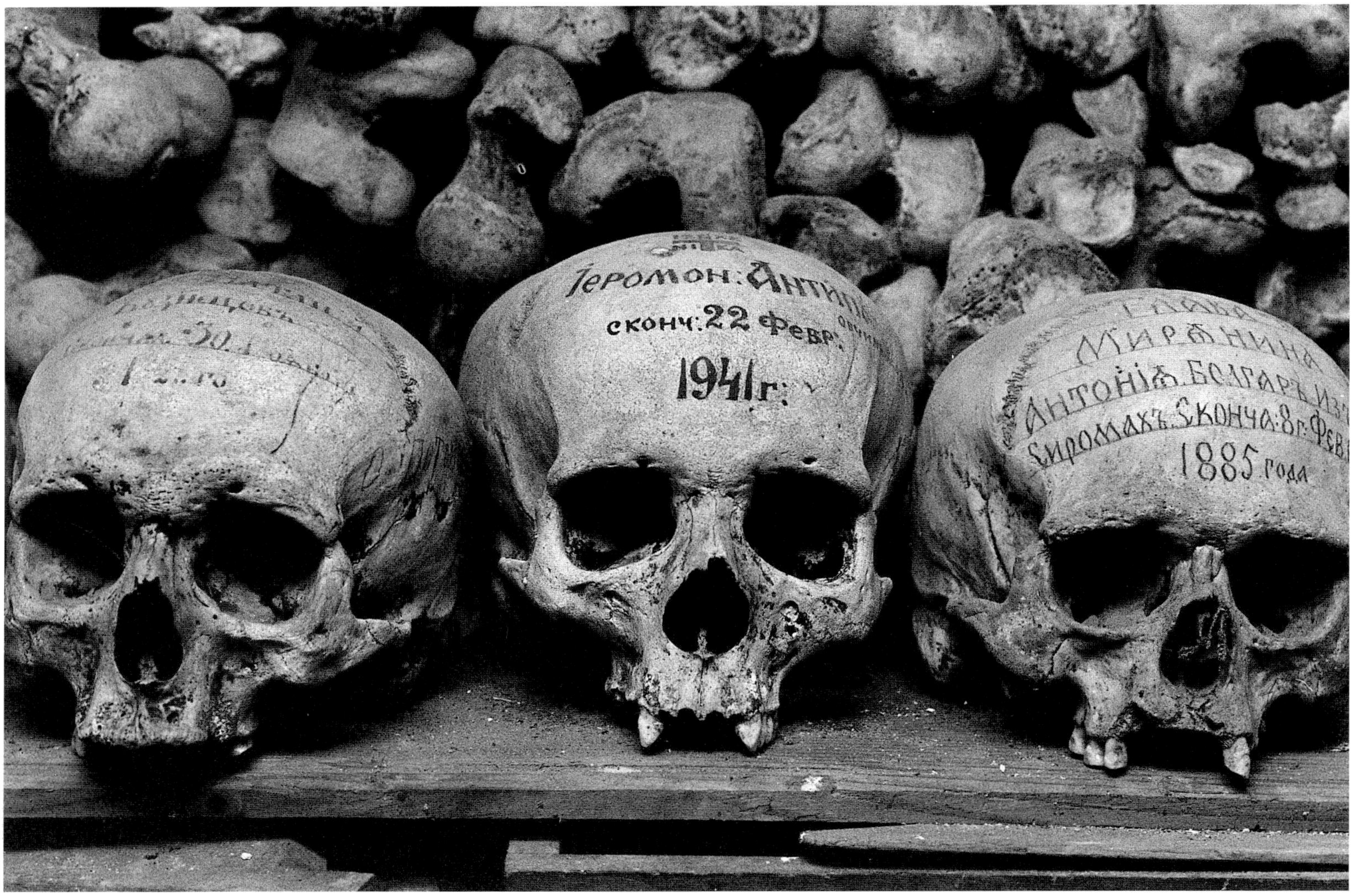
Іеромон:
сконч:22 февр:
1941г:
1885 года

Ziemlich zwei Monate, vom Mai bis Juli 1888«, lebte der Leipziger Kunsthistoriker Heinrich Brockhaus bei den Mönchen auf dem Athos. Staunend vernahm er vom »ewigen Frieden«, der nach Auskunft seiner Gastgeber seit Urzeiten in der Mönchskolonie herrschte. Dann war er sicher, daß der englische Staatsmann und Humanist Thomas Morus bei seiner berühmten Abhandlung über das Land »Utopia« ein historisches Vorbild gehabt hatte: den Athos. »Das Abendland«, schrieb Brockhaus, habe »lernen sollen von den Errungenschaften eines bevorzugten bescheidenen Ländchens an der Schwelle des Orients, das ungenannt blieb, jetzt aber wieder mit Namen genannt werden darf.«

Die Athopia-Theorie des Forschers klang faszinierend. Sie hatte nur einen Makel. Außer der überhitzten Vorstellungskraft ihres Urhebers sprach nichts für sie: »Selten ist der Beweis für eine wissenschaftliche Hypothese mit ungenügenderen Mitteln angetreten worden«, höhnten die Kritiker, als Brockhaus 1928, vierzig Jahre nach seinem augenöffnenden Besuch bei den Mönchen, die Utopia-Spekulationen endlich veröffentlichte.

Kein Punkt auf der europäischen Landkarte hat die Phantasien der Reisenden ähnlich bewegt wie die tausendjährige Mönchsrepublik. Generationen von Fortschrittsverächtern, Sinnsuchern und romantischen Schwärmern haben in der geheimnisvollen Mönchswelt ihren Hunger nach Mystik gestillt. Nostalgiker und Melancholiker spürten den Puls des untergegangenen Byzanz. Einsame Wanderer wie den Göttinger Arzt und Botaniker August Grisebach hat die Schönheit der Halbinsel in einen Glücksrausch versetzt. »Die tiefen Abgründe, die hohen Marmorfelsen, das mannigfache Grün, das Indigo- und Lasurblau, alles dies«, schwärmte er 1839, »wirkt auf das Auge auf ganz ähnliche Weise, wie das Ohr durch gewaltige und harmonische Töne gereizt wird.«

Nur der ungeduldige Kunststudent Franz Marc war bei den Mönchen gegen Pathos gefeit: »Wir gehen täglich in die Kirche«, schrieb er im Frühjahr 1906 an eine Münchner Freundin, »ein Kapitel, das mit der Feder zu beschreiben unmöglich ist. Ein solcher griechischer Gottesdienst ist etwas so anstrengendes, ermüdendes, daß ich mir vorstelle, daß schwächere Naturen als ich und mein Bruder schon nach einer Stunde ohnmächtig aus der Kirche getragen werden müßten: wegen Überanstrengung der Nerven und empörtem Ärger.«

Athos, das ist der 48 Kilometer lange, an seiner schmalsten Stelle nur fünf Kilometer breite östliche Chalkidike-Sporn, der sich wie ein ausgestreckter Finger ins Mittelmeer schiebt. Das ist die seit über tausend Jahren für Besucherinnen streng verbotene Männerwelt, mit ihren zwanzig Klöstern, zwölf Mönchsdörfern (»Skíten«) und etwa zweihundert einzeln gelegenen Mönchsgehöften (»Kellíen«), nebst einer verschlafenen 300-Seelen-»Hauptstadt«, Karyés, und Dutzenden von Einsiedlerhütten und -höhlen. Athos, das ist der heilige Berg der orthodoxen Christen in aller Welt, ihr religiöser Mittelpunkt und wichtigstes Pilgerziel nach den heiligen Stätten in Jerusalem. Eine archaische Gegenwelt, in der Hektik, Gewinnstreben und materieller Genuß einer jahrhundertelang angereicherten klösterlichen Stille und Kontemplation gewichen sind.

Athos, das ist auch der 2033 Meter hohe Marmorkegel am südlichen Ende der Landzunge, um den sich schon in vorchristlicher Zeit Mythen und Legenden gerankt haben. Der Gigant Athos soll den gewaltigen Brocken im Streit mit den Göttern an seinen Platz geschleudert haben. Leuchtfeuer auf der Spitze des Berges haben angeblich zu der Signalkette gehört, mit der die griechischen Feldherren ihren Sieg vor Troja in den Königspalast von Mykene meldeten. Die wirkliche Geschichte war unspektakulär: Thraker und Makedonen haben die Landzunge wahrscheinlich als erste bewohnt. In antiker Zeit entstanden auf dem Athos neun Städte, von denen heute jede Spur fehlt. Makedonen und Römer wechselten sich nach dem Untergang des klassischen Griechenland als Herren über den Athos ab, ehe er Teil des byzantinischen Kaiserreiches wurde. Seit dem sechsten und siebten Jahrhundert war die dicht bewachsene Halbinsel ein Rückzugsgebiet für christliche Mönche aus dem Sinai.

Viele Geister hat die Mönchsenklave seither gerufen. Staatsoberhäupter, Wissenschaftler und Künstler haben die Klosterburgen besucht. Kirchliche Würdenträger und byzantinische Herrscher beschlossen in ihnen nach dem Abschied von Amt und Würden ihr Leben. Scharen von Reiseschriftstellern haben dem Athos literarische Ehren erwiesen: Erhart Kästner erlebte Anfang der 50er Jahre in der »hinreißenden Landschaft, bei Bergblick und Meerblick, im Strahlkreis der Klöster, in der Geistesmacht dieses Friedensreiches« Momente, »in denen das Eigentliche heraufsteigt«. Bei Nachtwanderungen im »Silberlicht des Mondes« und bei den in Trance versetzenden Mönchsgesängen verschwammen ihm die Grenzen zwischen Wirklichkeit und Traum: »Wie wäre man glücklich«, notierte er, »wenn man wieder das Adyton, das Unbetretbare hätte.« Kästners 1956 erschienenes Buch »Die Stundentrommel vom heiligen Berg Athos« ist noch heute eine Art Bibel für deutschsprachige Athosliebhaber.

Gut hundert Jahre vor ihm hatte der Münchner Universalhistoriker und Byzantinist Jakob Philipp Fallmerayer mit Diener und Packeseln die Mönche besucht. Auch sein Reisebericht, das Fragment »Hagion-Oros oder der Heilige Berg Athos«, ist noch heute ein lesenswertes Dokument, weil sich in ihm romantische Begeisterung und die feine Ironie des Menschenkenners kunstvoll die Waage halten.

Das Meer der Zeit ist in der tausendjährigen Klosterwelt tiefer als anderswo. Schreibende Besucher haben das »Athos-Urerlebnis« der stillstehenden Zeit immer wieder in Worte zu fassen versucht: »Käme jetzt St. Athanasius wieder aus dem Grab in seine Laurakolonie [das Kloster Megísti Lávra] zurück«, bemerkte Fallmerayer 1842, »er fände seine Mönche noch auf derselben Stelle geistiger Gymnastik, wo er sie vor neunhundert Jahren verlassen hat. Selbst die halbvollendete Phrase, bei der ihn der Tod überraschte, könnte er zu jedermanns Verständnis im Stile seiner Zeit ergänzen.« – »Das ist Athos, das ist der Süden«, hatte Erhart Kästner geschrieben. »Hier ist alles wie immer. Das ist das Ausgepreßte von tausend Jahren, hier gilt das Uralte. Hier ist es, daß man sich am Rande der Zeit hinbewegt. Hier ist der Docht der Zeit heruntergeschraubt, es wird nur ganz wenig verbraucht. Ein Schraubenzug noch, eine kleine Umdrehung, und man wäre ganz ausgenommen von ihr.«

Wenn das Meer um die Mittagszeit unter den Klosterbalkonen in der Sonne flimmert, kommt das Gefühl für die Bewegung der Welt auch den heutigen Besuchern abhanden: »Die Zeit scheint hier kein Maß zu sein«, staunte 1990 der Reporter der »Neuen Zürcher Zeitung« im Athoskloster Simonópetra, »eine unendliche Ruhe umgibt uns. Die Wahrnehmung wird bestimmt durch den Raum und das Licht.«

Byzantinische Kaiser und türkische Sultane haben in den vergangenen tausend Jahren die politischen Geschicke der Athoniten bestimmt. Arabische Piraten und lateinische Kreuzritter, marodierende katalanische Söldner und muselmanische Besatzer plünderten immer wieder die Schatzkammern der Klöster. Noch Ende 1947 sollen vom Athos abziehende kommunistische Partisanen 250 Maultiere mit dem Raubgut beladen haben, das sie bei den Mönchen zusammengerafft hatten.

Der verhaßte Fortschritt hat in den zurückliegenden Jahrzehnten auch den Heiligen Berg nicht verschont. Bulldozer haben mit klirrenden Ketten Sandstraßen in die Wälder gefressen, in denen es früher nur uralte Maultiersteige und Saumpfade gab. Über hundert allradangetriebene Geländewagen sind im Mönchsstaat mittlerweile zugelassen. Maultiere und Packesel fristen nur noch eine Randexistenz. Kenner der Athosverhältnisse warnen die Äbte der Klöster seit Jahren vor der drohenden Überforstung ihrer Wälder. Wo »Geschichte ausläuft«, prophezeite Kästner, »ist es mit dem Wald auch vorbei.« Doch alle Modernismen haben nur die Oberfläche des Athos berührt. Im Inneren wirkt die Magie der Rituale wie am ersten Tag.

Kurz nach Mitternacht ertönt der trokkene Klang der Schlagbretter. Erhart Kästner hat das tief ins Unterbewußtsein dringende Stakkato der »Stundentrommeln vom heiligen Berg Athos« beschrieben: »Der Hammer macht auf dem Zypressenbalken schnelle hohe und tiefere Töne, je nachdem, ob der Schlag in der Mitte oder mehr am Rande auftrifft. Der Mönch trägt den Balken vor sich. Während er trommelt und geht, hallt es von da und von dort durch die Nacht, kommt näher, verzieht sich, wird von dunklem Torweg verschlungen. Das ist der Gebetruf des Athos: viel Osten, viel Wüste. So knöchern. So dürr; aus dem Herbarium von zehntausend immer und immergleichen Nächten genommen. Und doch, welche Fangkraft in solchem Geklöppel.«

Dunkle Mönchsgestalten lösen sich aus dem Schatten der Gebäude und verschwinden in der Kirche. Bis zum Morgengrauen dauert der Gottesdienst mit seinen nicht enden wollenden byzantinischen Wechselgesängen. Dann unterbricht ihn eine Mahlzeit im Speisesaal, der der Kirche nur wenige Meter gegenüberliegt. Dutzende von Mönchen und Pilgern füllen auch hier den Raum. Dennoch herrscht gespenstische Stille. Nur das Scharren der Bestecke und die Stimme des Vorlesers sind zu hören. Nach knapp zehn Minuten ist der fast widerwillige

Akt der Nahrungsaufnahme beendet. Der Abt gibt mit einem Messingglöckchen das Zeichen zum Aufbruch. In einer langen schweigenden Prozession schreiten die Klosterbrüder über den Hof in die Kirche zurück.

Essen und Schlafen sind für die Athoniten Zugeständnisse an die menschliche Schwäche. Wie mit ihr umzugehen ist, hat der orthodoxe Kirchenvater Elias Ekdikos vor vielen Jahrhunderten beschrieben: »Die leidenschaftliche Veranlagung der Seele«, empfahl er, sollten die Mönche »durch Fasten und Beten vernichten, die leidenschaftliche Nachgiebigkeit durch Wachen und Schweigen, die leidenschaftliche Neigung durch Ruhe und Wachsamkeit«. Die Nacht gilt als wichtigste Gebetszeit. Denn gegen die Teufel und Dämonen der Dunkelheit anzubeten, wie es Jesus bei seiner Versuchung in der Wüste getan hat, zählt zu den ältesten Gepflogenheiten der christlichen Mönche.

Durchschnittlich acht Stunden am Tag verbringen die Bewohner der athonitischen Klöster deshalb in ihren dunklen Kirchen, in denen nur ein paar Öllämpchen vor den Ikonen flakkern. An Festtagen und während der Fastenzeiten steigt das Pensum auf vierzehn Stunden und mehr. Fallmerayer hat staunend berichtet, daß es einige der Klosterbewohner sogar auf »nach und nach 22 Stunden ununterbrochener Andacht und Peinigung« brächten. Dafür, spöttelte er, schwebten die »Martyrer bei lebendigem Leibe aber auch, wie man häufig gesehen haben will, zuweilen gleich körperlosen entsinnlichten Wesen in mystischem Schwung durch die Kastanienwälder«.

Das Fastenethos in den Klöstern ist unverändert streng. Die Mönche ernähren sich wie ihre mittelalterlichen Vorgänger zweimal täglich von etwas Brot und Gemüse, rohen Salatblättern, Oliven, Wasser und hin und wieder einer Scheibe Schafskäse. Fleisch ist verboten. An den drei Fastentagen der Woche, am Montag, Mittwoch und Freitag, fällt auch noch eine der sparsamen Mahlzeiten aus – »Pönitentenkost«, hat Fallmerayer den Speisezettel seiner Gastgeber geschmäht, »die Mönche leben sparsamer als die Frösche bei Homer«. Andere Athosreisende des 19. Jahrhunderts registrierten fassungslos Mangelerkrankungen, an denen die Klosterbewohner litten: »chronische Verdauungsbeschwerden«, »scorbutische Affektionen«, »Hautkrankheiten und Knochenbrüche«. Noch im Frühjahr 1979 starben während einer Grippewelle auf dem Athos zwei Mönche aus dem Kloster Karakállou – sie hatten sich trotz der Genehmigung ihres Abtes geweigert, während der Fastenzeit Nahrung zu sich zu nehmen.

Russische Athosmönche wetteiferten im 19. Jahrhundert durch extreme körperliche Bußen. Sie trugen zehn Kilogramm schwere Eisenkreuze auf der Brust, ebenso schwere Kronen auf dem Kopf. Sie ruinierten ihre Gesundheit mit eisernen Stacheln, Ketten und Dutzenden von »Prostrationen«, bei denen sie sich der Länge nach auf den Boden warfen. In den Beinhäusern einiger Athosniederlassungen sind ihre Marterwerkzeuge zwischen Totenschädeln und Schenkelknochen noch immer zu sehen. Spinnweben und Staub haben sich im Lauf der Jahrzehnte auf ihnen abgesetzt. Doch wer sie berührt, erschrickt über ihr barbarisches Gewicht.

Auch viele der heutigen Klosterbewohner sehen angegriffen aus. Sie haben Ringe unter den Augen. Ihre Gesichter sind wächsern und zerquält. Bei einigen jungen Mönchen liegen die Nerven blank – Schlafmangel und Dauerfasten fordern ihren Preis.

Jahrhundertelang waren die Klöster und Behausungen der Athoniten Zentren der mystischen Gottessuche. Die Mönche verzehrten sich nach der Schau des »unerschaffenen göttlichen Lichts«, jener gleißenden Helligkeit, die Christus bei seiner Verklärung auf dem Berg Tabor umstrahlt haben soll. Zum Ideal der Mystiker gehörte es, eine kurze Gebetsformel (das sogenannte »Jesusgebet«) zuerst mit der Atmung, später sogar mit dem Herzschlag zu synchronisieren. Mönche, die durch die Gnade Gottes nach Jahren der Versenkung zum »reinen, geistigen Gebet« gefunden hatten, kommunizierten mit den himmlischen Mächten auf unbewußt-vegetativer Ebene: »Während sie essen, trinken, schlafen oder arbeiten, entströmt ihrer Seele aus innerstem Antrieb der Wohlgeruch des Gebets«, schrieb der Mönchsvater Isaak Syrus über sie.

Mittelalterliche Athosmystiker konnten im Zustand der Vergeistigung und Gottnähe angeblich in der Luft schweben und übers Wasser wandeln. Russische Mystiker des 19. Jahrhunderts sollen durch ihre beim Beten ausgestrahlte »Herzenswärme« den Schnee um sich herum zum Schmelzen gebracht haben – fromme Legenden, wie sie in der mythenschwirrenden Atmosphäre des Klosterstaates zu allen Zeiten gediehen sind, wenn es nicht auch den Bericht des österreichischen Dokumentarfilmers und Sachbuchautors Erich Feigl aus jüngster Zeit gäbe, der »gemeinsam mit zwei jungen Freunden« gesehen haben will, »wie sich ein hochaufgerichtet betender Mönch unsichtbar machte, in Nichts auflöste«.

Das »immerwährende Gebet« orthodoxer Christen wird in den Eremitenhöhlen und Klöstern des Athos heute noch praktiziert. Doch die Neugier der Reisenden auf die »byzantinischen Yogis«, wie Wissenschaftler die Mönchsmystiker wegen ihrer Nähe zu den Psychotechniken des indischen Yoga genannt haben, wurde nie befriedigt: »Auf Fragen über mystische Probleme reagiert man auf dem Athos von Jahr zu Jahr verschlossener«, notierte der Wiener Autor Franz Spunda 1962 enttäuscht. Hundert Jahre zuvor hatte Fallmerayer den Deckel des Geheimnisses wenigstens einen Spalt breit gelüftet: Es gebe »asketische Grade für die himmlische Lichtvision«, schrieb er, »von denen mit Nichteingeweihten zu reden gesetzlich verboten ist«.

Mehr Glück hatte Erhart Kästner. Als er in einer russischen Athosskite übernachtete, hörte er die beiden letzten Bewohner des Gemäuers, zwei »Tolstoj-Gestalten«, die ganze Nacht hindurch im Schlaf murmeln. Es war das »Jesusgebet«, die uralte Meditationsformel »Jesus, erbarme dich meiner!« – die Greise hatten sie in ihren Träumen gebetsmühlenhaft vor sich hin gesprochen. Die Mystiker unter den athonitischen Mönchen glaubte Kästner von da an schon an äußeren Merkmalen erkennen zu können: an den »übergroßen Augen« und den »geröteten Nasenflügeln«, die so aussahen, »als habe ihr Träger die Nacht durch geweint«.

Totenschädel und die Gebeine der Verstorbenen empfahlen mittelalterliche Asketen den Mönchen als Konzentrationshilfen. »Es soll sich stets der Gedanke an den Tod mit euch auf euren Nachtlagern ausstrecken und mit euch wieder erwachen«, schrieb der Mönchsvater Johannes Klimakos. Die Mönche sollten nach seinen Anweisungen in den Grabkammern beten und sich »deren Bilder unauslöschlich einprägen«. Auch heute noch ruhen in den Ossuarien der Klöster und Skiten die Schädel der Verstorbenen wie ein tausendfaches Memento mori. Schenkel- und Armknochen liegen in Nischen wie Feuerholz übereinander. Auf modernden Tischchen und in spinnwebüberzogenen Schränken lagern die beschrifteten Schädel der Äbte.

Wer auf einem der in schwindelnder Höhe erbauten Klosterbalkone steht, hat die Sinnbilder der Vergänglichkeit nicht nötig: Unter ihm der Hunderte von Metern tiefe, gähnende Abgrund; über ihm die unbewegliche Halbkugel des Himmels. Klosterbewohner, die von hier aus bei ihren Meditationen aufs Meer schauen, müssen sich schon zu Lebzeiten von Engeln getragen fühlen, so wie es die Maler auf den »Himmelsleiter«-Motiven der Fresken dargestellt haben. Oder ihr Scheitern fürchten: auch Todesstürze von den Balkonen hat es schon gegeben, deren Begleitumstände nie geklärt wurden.

Siebzehn griechische, ein russisches, ein serbisches und ein bulgarisches Kloster existieren heute auf dem Heiligen Berg. In früheren Jahrhunderten sollen es annähernd zweihundert gewesen sein, darunter, vor der Kirchenspaltung im Jahre 1054, auch ein »lateinisches« mit Mönchen aus Sizilien. Athospolitiker betonen, daß in der Klosterrepublik stets Eintracht und Harmonie geherrscht habe. Für weite Abschnitte der Athosgeschichte trifft das sicher zu. Dennoch hat es auch im panorthodoxen Heiligtum zwischen den unterschiedlichen Gruppen und Nationalitäten immer wieder vernehmlich geknirscht.

Im zehnten Jahrhundert liefen die Eremiten Sturm gegen die Neuerungen der Klostergründer: Steinerne Mauern und Wege, Dächer, Ochsengespanne und rigiden Gemeinschaftszwang. Sie selbst haben zu allen Zeiten auf äußere Annehmlichkeiten verzichtet: Von einem Einsiedler des 14. Jahrhunderts wird berichtet, er habe seine Hütte jedesmal niedergebrannt, wenn sich ihr ein Besucher näherte. Die Klostergründer des zehnten Jahrhunderts haben sich am Ende des Streits mit Hilfe aus Byzanz durchgesetzt. Aber auch die Eremiten sind bis heute auf dem Heiligen Berg geblieben. Auf etwa 140 hat der Athosforscher Franz Spunda Anfang der 60er Jahre ihre Zahl geschätzt.

Jahrhundertelang spitzten sich die Spannungen zwischen den griechischen und russischen Athosmönchen zu. Grenzstreitigkeiten, Machtkämpfe innerhalb der Klöster, Eifersüchteleien und Urkundenfälschungen zogen sich seit dem Mittelalter durch die Annalen. Doch erst vor gut hundert Jahren drohte der Streit den Athos zu spalten.

Die russischen Zaren hatten die Mönchskolonie im Mittelmeer seit der Mitte des 19. Jahrhunderts mit Geldgeschenken gefördert. Ihre Sonderbotschafter nutzten die wirtschaftliche

Not der Griechen aus. Sie boten den Äbten der griechischen Klöster Schuldentilgung gegen Übernahme. Goldrubel rollten, um den russischen Großskiten den rechtlichen Status von Klöstern und damit einen Sitz im Parlament von Karyés zu erkaufen. Die griechischen Mönche waren zu keinen Konzessionen bereit. Doch schien es nur eine Frage der Zeit, bis die Woge der russischen Neuankömmlinge deren traditionelle Vormachtstellung auf dem Heiligen Berg brechen würde.

Etwa 30000 russische Pilger gingen Jahr für Jahr im Athoshafen Dáphni an Land. Reiseagenturen in Odessa, St. Petersburg und Konstantinopel organisierten den Pilgerstrom. Die Untertanen des Zaren entstiegen den Ungetümen der »Russischen Dampfschiffahrts- und Handelsgesellschaft«, die die Strecke Konstantinopel – Saloniki – Piräus – Smyrna befuhren und dabei im Vierzehn-Tage-Rhythmus auch den Athos anliefen.

Anfang des 20. Jahrhunderts lebten auf dem Heiligen Berg erstmals mehr russische als griechische Mönche. Russischen Äbten unterstanden ein Kloster mit 2000 Bewohnern, vier riesige klosterähnliche Skiten mit bis zu tausend Mönchen und Dutzende von Kellíen. Der Geldstrom aus Rußland floß unerschöpflich: Allein der Bau der Kathedrale in der Russenskite Ájios Andréas bei Karyés verschlang in den 80er und 90er Jahren des 19. Jahrhunderts die für damalige Verhältnisse märchenhafte Summe von zwei Millionen Goldrubel.

Zu den Einweihungsfeierlichkeiten erschienen Mitglieder der Zarenfamilie und des russischen Hochadels. In den Kirchen der russischen Niederlassungen erreichte die Prunksucht Ausmaße, die sogar den orthodoxen Metropoliten von Moskau zur Mäßigung auffordern ließen: Edelsteine, zentnerschweres Gold und dicke Teppiche seien zur Frömmigkeit nicht notwendig, mahnte er. Eher werde die verschwenderische Pracht der Gotteshäuser Piraten und Plünderer aus ihren Verstecken locken.

Ein merkwürdig strenger militärischer Geist in den russischen Athosniederlassungen schürte die Ängste der Griechen. Im Jahre 1904 nahmen mehrere hundert Mönche des Russenklosters Panteleímonos am russisch-japanischen Krieg teil – als Matrosen auf den Linienschiffen des Zaren. Im Frühjahr 1913, als in Panteleímonos ein theologischer Streit die Gemüter der Mönche erhitzte, reagierte Zar Nikolaus II. wie bei einer gewöhnlichen Truppenrebellion: Er schickte 120 Kosaken an Bord des Kanonenbootes »Donez«. Sie stellten die Ruhe im Kloster mit der Knute wieder her und deportierten 500 »Unruhestifter und Ketzer« in den russischen Schwarzmeerhafen Odessa. Die russischen Herrscher, wurden die griechischen Zeitungen nicht müde zu verbreiten, wollten den Athos in ein östliches Gibraltar verwandeln, mit der sich die Durchfahrt russischer Schiffe durch die Dardanellen sichern ließe.

Länger als ein halbes Jahrhundert bedrohte der Konflikt die Harmonie auf dem Heiligen Berg. Dann endete er ebenso überraschend, wie er begonnen hatte: Der Pilger- und Geldstrom aus Rußland riß nach der Oktoberrevolution von 1917 ab. Die russischen Niederlassungen verfielen zu Geisterstädten. Anfang der 50er Jahre lebten in den gewaltigen Gebäuden von Panteleímonos nur noch sieben uralte Mönche. Auch in der Skite Ájios Andréas bei Karyés bot das übriggebliebene Häuflein russischer Mönche ein Bild des Jammers. Erhart Kästner hat die Stimmung der letzten Überlebenden beschrieben: »Starre Blicke« und »Martyrermienen«, »Quanten von Trauer«, wohin er schaute. Der greise Abt der Skite »schien taubstumm«, seine Haut »pergamenten, in hundert Falten gelegt, starr und ohne Bewegung«. Am Ende war Kästner froh, dem Alptraum bei der verlorenen Mönchsgeneration zu entkommen.

Mitte der 70er Jahre durften junge russische Mönche erstmals wieder auf den Athos einreisen. In Panteleímonos hat sich die Situation seither gewandelt. Junge Gesichter mischen sich unter die alten. Nur in Ájios Andréas sieht es noch immer so aus, als hätten die Bewohner die riesige Anlage nach einer Naturkatastrophe fluchtartig verlassen: In den Kuppeln klaffen Risse, Treppen enden nach wenigen Stufen im Nichts, Marmorbrunnen wuchern zu, Holzbohlen bröckeln lautlos vor sich hin. Im Speisesaal, in dem einst der russische Adel und die Gesandten der Romanows dinierten, hat herunterfallender Putz die letzten Becher und Teller unter einer Kalklawine begraben.

Zweimal in der tausendjährigen Geschichte des Klosterstaates haben sich die Athoniten als gewiefte Realpolitiker erwiesen: Auf Gedeih und Verderb unterwarfen sie sich 1430 dem türkischen Sultan Murad II. und Ende April 1941 »Seiner Exzellenz, dem Kanzler des ruhmvollen Deutschen Reiches, Herrn Adolf Hitler«. Beide Male ging die Rechnung auf: Sowohl die islamischen Herrscher in Istanbul als auch der Berliner Diktator respektierten den religiösen Sonderstatus und das aus byzantinischer Zeit stammende Selbstverwaltungsrecht der Mönche.

Fast 500 Jahre lang, von 1430 bis 1912, blieben die christlichen Athoniten Untertanen der osmanischen Herrscher. In der Athoshauptstadt Karyés residierte ein türkischer Statthalter mit Sekretären, Zollbeamten und Polizisten. Türkische Händler verwandelten die Hauptstraße in einen Basar. Die neuen Herren des Heiligen Berges hielten sich ans Frauenverbot. Nur ihre Steuereintreiber drehten die Daumenschrauben von Jahr zu Jahr stärker zu.

Erst am Ende eines halben Jahrtausends konnten die Mönche ihrem Groll freien Lauf lassen: »Fünf Jahrhunderte, in denen wir gelitten haben, fünf Jahrhunderte, in denen dieser gesegnete Boden die Befleckung durch einen Beamten des Sultans ertragen mußte, fünf Jahrhunderte, in denen dieser heilige Berg an Mohammed Tribut zahlen mußte«, soll der greise Ratsvorsitzende von Karyés auf die Nachricht von der eingetroffenen griechischen Befreiungsflotte gerufen haben. Andere sahen die Rolle der Osmanen in einem weniger von Augenblicksemotionen getrübten Licht: »Was der moderne Staat mit seiner liberalen Schablonisierung und Bureaukratisierung nicht fertig bringt, einen jeden nach seiner Fasson leben zu lassen, das leistet die Hohe Pforte«, schrieb der Jenaer Geschichtsforscher Heinrich Gelzer 1904. Die islamischen Herrscher hätten den Heiligen Berg, »dies Gebilde urtümlicher Vorzeit, welches in schneidendem Gegensatze zu allen Bestrebungen und Anschauungen der heutigen Zeit steht, vollkommen unberührt weiterbestehen« lassen und »vor fünfthalb Jahrhunderten« geschlossene Verträge getreulich gehalten.

Seit 1926 ist der Athos laut Verfassung ein »dezentralisierter Teil des griechischen Staates«. In

Karyés amtiert ein griechischer Gouverneur, der vom Athener Außenministerium ernannt wird. Mitte der 60er Jahre planten die in Athen an die Macht gekommenen Obristen einen Anschlag auf den tausendjährigen Mönchsstaat: Das »größte byzantinische Museum der Welt« sollte für den Massentourismus geöffnet, die Mönche im südöstlichen Teil der Halbinsel interniert und das Frauenverbot aufgehoben werden. Die Militärs benötigten Devisen. Doch ihre politische Halbwertszeit reichte nicht aus: Artikel 105 der neuen griechischen Verfassung von 1975 bestätigt den Athoniten erneut den »privilegierten Status« und die »Selbstverwaltung« der Mönchsrepublik. Die »Niederlassung von Andersgläubigen und Schismatikern« auf dem Heiligen Berg ist verboten.

Zweimal pro Woche tagen seither wieder die Mönchsparlamentarier von Karyés im ersten Stock des weißgestrichenen Regierungsgebäudes (»Mégaron«). 28 breite steinerne Stufen führen zum säulengeschmückten Portal hinauf. Jedes der zwanzig Athosklöster schickt einen Abgeordneten nach Karyés. Anfang Juni eines jeden Jahres wählen die Delegierten aus ihrer Mitte einen Vorsitzenden (»Prótos«), der zusammen mit drei anderen Mönchen (»Epistáten«) ein Jahr lang die laufenden Regierungsgeschäfte führt. Ein roter Mercedes-Geländewagen mit Chauffeur und Funkgerät steht dem Prótos und seinen Stellvertretern für Reisen über die Halbinsel zur Verfügung.

Ausländische Beobachter hat das ehrwürdige Mönchsparlament in der Vergangenheit an einen »feierlich-schläfrigen morgenländischen Männerverein« erinnert. »Die Arbeitsweise des Kollegiums«, schrieb noch 1982 Erich Feigl, entspreche »jener des großen Habsburgerkaisers Rudolf II., dessen Taktik auch darin bestand, Konflikte so lange vor sich herzuschieben, bis sie sich von selbst erledigt« hatten – allerdings waren es auch eben diese Mönchspolitiker, die den Heiligen Berg bis in jüngste Zeit vor Kunstdieben, Nebenbuhlerinnen der Athosherrin »Panaghía« und allzugroßen Touristenschwärmen bewahrt haben.

Handschriftensammler zeigten seit dem Beginn der Neuzeit Interesse an den Beständen der Athosbibliotheken. Dokumentenfälscher waren hinter Originalen aus den Schatzkammern der Mönche her, um ihre Eigenproduktionen durch untergeschmuggelte authentische Blätter echt erscheinen zu lassen. Antikenbegeisterte Forscher glaubten daran, im Tohuwabohu der Klosterarchive unbekannte oder verschollene Werke der griechischen Klassiker entdecken zu können. Erst nach jahrzehntelangen Bemühungen mußten sie die Hoffnungen aufgeben: »Der Traum, in den reichen Klosterbibliotheken des Athos die Reste der griechischen Lyriker oder die Komödien des Menandros wiederzufinden, ist verflogen«, klagte der Rostocker »Alterthumsforscher« Otto Kern 1897.

Die Agenten von Kaisern, Königen, Zaren und reichen Sammlern schwatzten den Klosterbewohnern für lächerliche Beträge den Inhalt ihrer Bibliotheken ab. Sogar der französische König Ludwig XV. ließ sich Anfang des 18.

Jahrhunderts durch die Äbte Sevin und Fourmont seinen Anteil an der Beute sichern. Hunderte von wertvollen athonitischen Klosterhandschriften und Dokumenten lagern seither in den Archiven und Museen fast aller europäischen Hauptstädte.

Einer der erfolgreichsten Bücher- und Handschriftendiebe war der 27jährige Engländer Robert Curzon, 14. Baron Zouche of Harringworth. Mit einem »Paar ungeheuren Sattelsäkken« aus Teppichen, wie sie »in Arabien von den Kameelen getragen werden«, kam er laut seinen Aufzeichnungen im Jahre 1837 auf dem Athos an. Als er die Mönchsidylle wenige Wochen später wieder verließ, waren nicht nur die gewaltigen Packtaschen mit Folianten und jahrhundertealten Pergamenten gefüllt. Der Lord mußte den Maultieren auch noch die Freßbeutel abnehmen, um die Beute transportieren zu können. Der systematische Handschriftenraub auf dem Athos dauerte bis ins 20. Jahrhundert an.

Auch die Mönche selbst sind mit den Zeugnissen ihrer Vergangenheit nicht immer pfleglich umgegangen. Aus Desinteresse an weltlicher Gelehrsamkeit haben sie mit den Dokumenten Öfen geheizt, zerbrochene Fensterscheiben ersetzt oder Deckel für Marmeladengläser gefertigt. Heute ist vom sorglosen Umgang mit den bibliophilen Kostbarkeiten nichts mehr zu spüren. In die einst chaotischen Klosterbibliotheken ist Ordnung eingezogen. Selbst Wissenschaftler renommierter Universitäten bekommen die rund 14000 Handschriften nur noch unter Aufsicht und für wenige Stunden zu sehen. Im ältesten und am reichsten mit Kunstschätzen ausgestatteten Athoskloster Megísti Lávra können nur noch drei Mönche gleichzeitig die Tür zur überquellenden Schatzkammer öffnen. Anfragen der Athener Regierung, die Klosterpreziosen und Bibliotheksschätze in einer großen Ausstellung außerhalb des Athos der Öffentlichkeit zugänglich zu machen, haben sich die Mönche seit dreißig Jahren beharrlich entzogen – die Erfahrungen haben sie mißtrauisch gemacht.

Frauen dürfen den »Garten der Muttergottes«, wie die Athoniten ihre Halbinsel nennen, seit über tausend Jahren nicht betreten. Wer sich nicht ans Verbot (»Ábaton«) hielt, wurde noch im 18. Jahrhundert von den Mönchen »ergrimmt todtgeschlagen«, wie es Athosreisende berichteten. Heute riskieren Besucherinnen für den unerlaubten Landgang eine Gefängnisstrafe von bis zu einem Jahr, die aus Abschrekkungsgründen nicht in eine Geldstrafe umgewandelt werden darf. Noch im Sommer 1976 scheiterte eine Gesetzesinitiative im griechischen Parlament, mit der sozialistische Abgeordnete das Frauenverbot abschaffen wollten. »Der Athos-Staat steht und fällt mit der Erhaltung des Ábaton«, erklärte der griechische Gouverneur in Karyés, Stávros Papadátos. Die Mönche selbst begründen die Aussperrungspolitik mit ihrer »fast heiligen Scheu vor allem Weiblichen« und ihrer »wahren Liebe« zu den Frauen.

Auch für männliche Besucher war es nicht immer leicht, die Einreisehürden zu überwinden. Noch im 19. Jahrhundert mußten sie vor dem versammelten Mönchsparlament von Karyés Rechenschaft über den Zweck ihrer Reise ablegen. Fallmerayer hat die beklemmende Atmosphäre dieser Anhörungen beschrieben:

Im Sitzungssaal war »das ganze Kollegium in feierlichem Senat versammelt. Auf drei Seiten eines länglichen Vierecks saßen in morgenländischer Weise auf breitem Diwan fünfundzwanzig ehrwürdige Gestalten mit wallenden Bärten und weiten, dunklen Gewändern, schweigend und unbeweglich, wie der Senat des Cyneas. Der Anblick hatte etwas Feierliches und Ehrfurchtserregendes. Auf der offenen Seite des Vierecks, aber eine Stufe tiefer, saß am Tische der Geheimschreiber. Mein Platz war auf der Schmalseite neben den Vorständen, und nicht ohne Verlegenheit blickte ich auf die lange Doppelzeile schwarzer Mönche, und die großen Augen und die asiatische Melancholie der ausdrucksvollen, scharfgezeichneten, sonngebrännten Südgesichter machten mich im ersten Andrang über den Erfolg meines zu stellenden Antrages selbst besorgt.« – Auch Erhart Kästner horchten die Athoniten bei einer Tasse griechischem Kaffee, einem Glas Wasser und einer geleeartigen Süßspeise (»Lukúmi«) noch in den 50er Jahren freundlich aus, ehe sie ihm die Aufenthaltspapiere (»Diamonitírion«) überreichten.

Doch wurden die Besucher früherer Zeiten in den Klöstern mit ausgesuchter Höflichkeit empfangen. Schon bei ihrer Ankunft vor den Toren läuteten alle Glocken. Die Mönche zogen ihnen hymnensingend entgegen und überließen ihnen die am schönsten gelegenen Zimmer. Beim Essen leisteten »die Oberen und einige der intelligenteren Mönche« den Gästen Gesellschaft, wie es der englische Athosreisende Henry Fanshawe Tozer Mitte des vergangenen Jahrhunderts geschmeichelt festhielt. Beim Aufbruch am nächsten Morgen wartete vor der Klosterpforte ein frischgesatteltes Maultier.

Noch in den 20er Jahren unseres Jahrhunderts schlummerte der Athos in einem tiefen Dornröschenschlaf. Nur einmal in der Woche steuerte ein Dampfer von Thessaloníki aus den Mönchshafen Dáphni an. Der Landweg von der nächstgrößeren griechischen Stadt bis zur Athosgrenze dauerte mit dem Maultier fünf bis sechs Tage. Auf der Halbinsel selbst hatten nur drei der zwanzig Klöster eine Telephonverbindung zum Regierungssitz in Karyés. Einsame Athoswanderer wie der Österreicher Franz Spunda trafen bei ihren wochenlangen Fußmärschen durch die athonitischen Kastanienwälder ganze sieben Fremde und zwei Dutzend griechische Pilger. Seither ist der Besucherstrom langsam, aber stetig gewachsen.

Mitte der 70er Jahre mußten die Mönchspolitiker von Karyés die Dämme erhöhen. »Athos braucht Pilger, keine Touristen«, grollte der Ökumenische Patriarch Athenágoras, geistliches Oberhaupt der Athoniten. Die Einreise in die Mönchskolonie wurde drastisch erschwert: Griechische und andere orthodoxe Gläubige dürfen seither nur noch eine Woche auf dem Athos bleiben; Besucher anderer Konfessionen müssen den Heiligen Berg schon nach vier Tagen wieder verlassen. Insgesamt dürfen am Tag nicht mehr als zehn nichtorthodoxe Reisende Athosboden betreten.

Über 30 000 Besucher jährlich nehmen seit der Verschärfung der Einreisebedingungen die Gastfreundschaft der Athoniten schon wieder in Anspruch. Die weitaus meisten von ihnen sind griechische Pilger. Athospuristen wie der Österreicher Rudolf Billetta fürchten, der nicht abreißende Besucherstrom werde den einzigartigen Charakter der Mönchsenklave zerstören. Erhart Kästner bangte angesichts der ersten Globetrotter und »Tramper« in Ringelhemden schon vor vier Jahrzehnten um die »wunschlose Ruhe des Bergs«. Doch die Wälder der Gebirgshalbinsel scheinen die Neuankömmlinge jedesmal zu verschlucken. Beim Abendessen in den Klöstern sitzt noch jeweils eine Handvoll Zivilisten schweigend und etwas verschüchtert am Tisch.

Nur für ein paar Stunden am Vormittag kommt Leben in die verschlafene Athos-Hauptstadt Karyés. Mönche aus den umliegenden Klöstern bringen die Pilger auf den Ladeflächen ihrer Unimogs zum Bus. Wenig später fahren sie mit den Neuankömmlingen auf denselben schlaglochübersäten Wegen zurück. Schweigsame junge Mönche erledigen eilig die Einkäufe für ihre Klöster. Ältere Kellíenbewohner mit struppigen Bärten und geflickten Kleidern verschnüren ein paar Habseligkeiten am Sattel ihrer Maultiere und reiten ohne ein Wort zu sagen davon. Schon am Nachmittag liegt wieder diesselbe bleierne Ruhe in den Gassen, die schon Fallmerayer im »Mohnpalast des Schlafes« registriert hat.

Punkt neun Uhr abends macht der bärtige Nachtwächter in den Sommermonaten seine Runde. Mit einer langen Stange fischt er am oberen Ende der Hauptstraße die Petroleumlampe aus der Laterne an der Hauswand, zündet den Docht an und stellt das Licht vorsichtig in den rußigen Glaskasten zurück. Mit geschulterter Stange stapft er ans knapp 200 Meter entfernte untere Ende der Straße und wiederholt die Prozedur. Eine dritte Petroleumlampe verbreitet nach einer Weile in der Nähe des »Protáton«, der ältesten Athoskirche, ihren gelblich-schwachen Schein. Dann verschwindet der Bärtige wie eine Spukgestalt in einer der bergwärts führenden Gassen – Zapfenstreich in einer der merkwürdigsten Hauptstädte der Welt. Nur ein paar herrenlose Maultiere klappern in der Dunkelheit übers Kopfsteinpflaster; Holzfäller sitzen in der Kneipe über einem milchigweißen Anisschnaps. Radio und Fernsehen sind auf der Halbinsel verboten.

Wie eine »Totenmesse des Athos-Mönchstums« waren Beobachtern die 1963 in Anwesenheit des griechischen Königs zelebrierten Tausendjahr-Feiern des Klosterstaates erschienen. Doch wenig später fand auf dem Heiligen Berg eine an ein Wunder grenzende Wiedergeburt statt: Junge Männer aus allen Teilen Griechenlands, aus Westeuropa und Amerika strömten seit der Mitte der 60er Jahre wie auf ein geheimes Zeichen hin zum Athos. Sie suchten das asketische Leben in den Klöstern und die Nähe zu den charismatischen Jungäbten, die die Führung in der Mönchskolonie übernommen hatten. Viele der Neulinge kamen von den Universitäten oder hatten aussichtsreiche Karrieren abgebrochen. In einigen Athosklöstern stieg die Zahl der Mönche in wenigen Jahren um das Fünffache.

Inzwischen sind alle Ängste der Athoniten vor dem schleichenden Aussterben des Heiligen Berges verflogen. Über 1600 Mönche leben nach neuesten Zählungen auf der Halbinsel; ihr Durchschnittsalter liegt mit vierzig Jahren wahrscheinlich niedriger als je zuvor. Das Neue hat auf den Athos das Alte zurückgebracht: In allen Klöstern herrscht seit Anfang der 90er

Jahre der strenge Gemeinschaftsgeist der ersten Klostergründer. In den Kirchen erklingen die seit dem 14. Jahrhundert unveränderten byzantinischen Gesänge. An der Südflanke des Athos leben Einsiedler und Asketen noch heute wie ihre mittelalterlichen Vorgänger – die Optimisten haben recht behalten: »Nach großen Schöpfungen und großen Zerstörungen mißt sich das Leben«, schrieb 1872 der deutsche Reisende Wilhelm Roßmann. Auf dem Athos »fehlt es an beidem«. *Günther Stockinger*

Kleine Chronik des Berges Athos

Seit dem sechsten und siebten Jahrhundert beginnen Mönche sich auf dem Berg Athos niederzulassen. Sie leben in Höhlen, einzelnen Klausen oder dörflichen Ansiedlungen.

Um 850 Der älteste der hagiographischen Berichte, die über die Anfänge des Mönchslebens auf dem Berg Athos auf uns gekommen sind, erzählt die Geschichte von Peter dem Athoniten, der nach wechselvollem Schicksal fünfzig Jahre eine Höhle auf dem Heiligen Berg bewohnte ›und gegen den Teufel und wilde Tiere kämpfte‹.

Etwa zur gleichen Zeit begründet der heilige Euthymios die älteste Lavra auf dem Berg Athos. Lavra ist eine lose Gemeinschaft von Einsiedlern, die sich um einen hervorragenden Mönch als geistigen Führer versammeln.

Um 880 Gründung des ersten Klosters auf dem Athos. Kaiser Basileios I. der Makedonier ernannte Joánnes Kolobós, den Gründer des Klosters, zum Beschützer des Berges und seiner Einsiedler. Gegen Ende des 9. Jahrhunderts lebten bereits so viele Mönche einzeln oder in kleinen Gruppen auf dem Athos, daß sie sich zur Regelung gemeinsamer Angelegenheiten eine Art Verfassung geben mußten. Es gelang ihnen bald, die Vorherrschaft des Klosters des Kolobós abzuschütteln und sich in einer Bulle von Kaiser Léon VI. dem Weisen ihre Unabhängigkeit bestätigen zu lassen. Die athonitischen Mönche wählten aus ihrer Mitte einen Ersten, den Prótos, der dreimal jährlich die Eremiten in die Mitte der Halbinsel zur Ratsversammlung rief. Einfachere Fragen entschied nicht diese allgemeine Versammlung, sondern ein Ältestenrat unter Vorsitz des Prótos.

Um 950 Der Feldherr und spätere Kaiser Nikephóros Phokás (963-969) unterwirft die Sarazenen und sichert die Küsten des Berges.

963 Athanasios der Athonit geht an der Südostküste der Halbinsel an den Bau des ersten Großklosters auf dem Athos, Megísti Lávra, nachhaltig unterstützt von Nikephóros Phokás, der die Absicht hatte, sich selbst später als Mönch auf den Athos zurückzuziehen. Von diesem Jahr datiert die heutige autonome Mönchsrepublik auf dem Athos ihren Bestand. Athanasios übernimmt für sein Kloster die studitische Regel, das heißt: ein gewählter Abt soll der Mönchsgemeinschaft vorstehen.

971-972 Athanasios gibt dem Athos eine straffere Verfassung, die ihn von äußeren weltlichen und geistlichen Einflüssen unabhängig machen soll. Diese Verfassung, das sogenannte erste Typikón, nach der Stiftungsurkunde auch Trágos (Bockshaut) genannt, setzt die Lebensform des Großklosters durch und regelt die Führung der gemeinsamen Angelegenheiten und den Ablauf der Versammlungen. Sie wird nach einigem Widerstand durch den Prótos, die mönchischen Vorstände und schließlich auch durch Kaiser Joánnes I. Tzimiskés feierlich anerkannt. Neue Großklöster entstehen, darunter Ivíron und Vatopédi.

Um 1000 Tod des Athanasios.

1046 Den wiederauflebenden Streit zwischen den um ihre Vorherrschaft besorgten Großklöstern und den nach Unabhängigkeit strebenden Eremiten zu schlichten, gibt Kaiser Konstantínos IX. Monomáchos dem Athos eine neue Verfassung, das zweite Typikón, das die früheren Vorrechte der Großklöster bestätigt und den Einfluß des Prótos beschränkt. Er verlieh dem Athos auch offiziell die Bezeichnung Heiliger Berg, die ihn sichtbar über alle anderen Stätten byzantinischer Frömmigkeit erhob. Das 11. Jahrhundert wird die Zeit der höchsten Blüte des Athos, neue Klöster entstehen, bußeifrige Große des Reiches nehmen das Mönchsgewand und bringen den Klöstern ihr Vermögen ein, auch Grundbesitz in Makedonien, Thrakien, Thessalien.

1094 Kaiser Aléxios Komnenós erklärt den Athos für unabhängig von den beiden örtlichen Bischöfen von Jerissos und Thessaloniki.

1097 Der Patriarch greift in die Angelegenheiten des Athos ein, um die rumänischen Wanderhirten, die mit ihren Familien und ihrem Vieh auf den Heiligen Berg gezogen waren, auszuweisen. Nach der Regel des Athanasios durften weder ›weibliche Wesen‹ (auch Haustiere) noch ›Bartlose‹ den Athos betreten. Die Anwesenheit der Hirtenfrauen, die, oft als Männer verkleidet, den Mönchen ›wie Knechte dienten‹, hatte Ärgernis hervorgerufen.

1204 Konstantinopel wird von den Heerscharen des Vierten Kreuzzuges erobert, der Athos bei der Aufteilung des Byzantinischen Reiches dem neugegründeten ›Königreich von Thessalonica‹ unterstellt und völlig ausgeplündert.

1261 Eroberung Konstantinopels durch die Griechen.

1274 Kaiser Michael VIII. Palaiológos schließt in Lyon eine Glaubenseinigung mit der römischen Kirche, um seine Machtposition zu stärken. Die orthodoxen Mönche des Berges Athos widersetzen sich energisch jeder Anerkennung der lateinischen Lehre und Liturgie, was zu ihrer neuerlichen Verfolgung führt.

1282 Kaiser Andrónikos II. Palaiológos hebt die Glaubenseinigung auf und kehrt zur orthodoxen Kirchenpolitik zurück. Neue Privilegien für das Athosmönchstum.

1430 Thessaloniki wird von den osmanischen Türken erobert. Der Athos unterwirft sich dem Sultan Murad II., der – wie die späteren Türkensultane – den Glauben aller nicht moslemischen Untertanen toleriert und die Unabhängigkeit der Mönchsgemeinschaft bestätigt.

1453 Eroberung Konstantinopels. Obwohl das Sultanat dem Athos wohlwollend gegenübersteht und ihn gelegentlich vor den Steuereintreibungen des ökumenischen Patriarchen in Schutz nimmt, kommt es aus inneren Gründen zu allmählichem Verfall.

1783 Der Patriarch Gabriel erläßt ein neues Typikón, um die Selbstregierung der athonitischen Gemeinschaft zu festigen. Ihre Geschicke werden in die Hand der Vertreter der zwanzig anerkannten Großklöster gelegt. Abwechselnd sollen je vier von ihnen für ein Jahr die Verwaltung leiten. Der Ausschuß heißt Epistasía, den Vorsitz führt als primus inter pares der Protepístates. Diese Verfassung ist im wesentlichen noch heute wirksam.

1821-1830 Während des griechischen Befreiungskrieges erhält der Athos eine Besatzung türkischer Soldaten, die in den einzelnen Klöstern einquartiert wird. Die versuchte Auflehnung gegen das Osmanische Reich wird mit einer schweren Geldbuße geahndet.

1912 Ende der türkischen Herrschaft über den Athos.

1923 Im Vertrag von Lausanne wird Griechenland die Schutzherrschaft über die autonome Mönchsrepublik übertragen. Die Mönche sind griechische Staatsbürger, Griechenland führt aber nur die auswärtigen Angelegenheiten und unterhält eine Post-, Zoll- und Fremdenpolizeistation auf dem Athos.

1924 Nach den Vertragsregelungen von Lausanne erarbeiten die Athoniten eine neue Verfassung für ihre Gemeinschaft. Diese Verfassungsurkunde des Heiligen Berges (Katastatikós lógos) gilt bis heute.

1926 Mit Erlaß der griechischen Regierung vom 10. September wird die Athosverfassung in die griechische Staatsverfassung übernommen. Der Staat macht seine Oberhoheit geltend durch Einsetzung eines Gouverneurs in Karyés.

1944 Deutsche Truppen, die seit 1941 auf der Athoshalbinsel stationiert waren, ziehen ab.

1946-1949 Am 14. November bricht der griechische Bürgerkrieg aus, der der Bevölkerung schwere und grausame Opfer auferlegt. Es kommt in der Folge auf dem Athos zu zahlreichen Übergriffen und Brandstiftungen sowie zur Plünderung mehrerer Klöster.

1963 Tausendjahrfeier des Athos in Anwesenheit des griechischen Königs Paul I.

1988 Der Heilige Berg Athos wird unter Nr. 179 in die World Heritage List der UNESCO aufgenommen.

Danksagung

Wer das Leben der Athosmönche mit Bildern dokumentieren möchte, läßt sich auf ein Abenteuer mit ungewissem Ausgang ein. Denn es ist zwar nicht grundsätzlich verboten, auf dem Heiligen Berg zu fotografieren, doch erstreckt sich die Erlaubnis nur auf die unbelebte Natur und auf die Architektur der Klöster. Die Mönche selbst sind für Fotografen tabu. Wer gegen diese Grundregel des Athosbesuchs verstößt, verliert schnell die Gastfreundschaft in den Klöstern und die Aufenthaltserlaubnis für den Heiligen Berg. Die meiste Zeit unseres sechswöchigen Besuchs auf dem Athos im Mai/Juni 1994 bestand deshalb aus Hoffen und Warten. Erst in den beiden letzten Wochen ließen sich die Mönche in einigen Klöstern von unserem Anliegen überzeugen: Sie erlaubten uns, ihre Gebete und Feiern, ihre Arbeit und Versammlungen mit der Kamera zu beobachten. Das Ergebnis dieser Begegnungen ist im vorliegenden Band zusammengetragen.

Unser Dank gilt den Äbten und Mönchen, die uns durch ihr Wohlwollen und ihre freundliche Unterstützung das Fotografieren ermöglicht haben. Bedanken möchten wir uns bei Vater Mítrophan, dem Prótos des Heiligen Berges. Nur durch seine Hilfe durften wir statt der üblichen vier Tage mehrere Wochen auf dem Athos bleiben. Unser besonderer Dank gilt den Äbten des Klosters Koutloumousíou und der Skite Prophítis Ilías, die unseren Fotowünschen mit großer Offenheit begegneten. Dank schulden wir den Mönchen Páwlos und Máximos Polítis von der Skite Ájios Andréas sowie dem Kellioten Makários für ihre Aufgeschlossenheit von der ersten Minute an. Nicht vergessen möchten wir auch die Äbte der Klöster Panteleímonos, Simonópetra und Xenophóntos, die uns das Fotografieren innerhalb der Klostermauern erlaubten. Ihnen allen sowie den vielen nicht genannten Mönchen, die sich von uns begleiten und fotografieren ließen, sei hiermit noch einmal herzlich für das Vertrauen gedankt, das sie uns und unserer Arbeit geschenkt haben.

Günther Stockinger
Reinhard Strippelmann

Ausgewählte Literatur

E. Amand de Mendieta, Mount Athos. The Garden of the Panaghia. Berlin/Amsterdam 1972

R. Billetta (Hg.), Der Heilige Berg Athos in Zeugnissen aus sieben Jahrhunderten. Mosaic Publications, Bd. 1-5. Wien/New York/Dublin 1992

F. Dölger (Hg.), Mönchsland Athos. München 1943

W. Ekschmitt, Berg Athos. Geschichte, Leben und Kultur der Mönchsrepublik. Freiburg 1994

J. Ph. Fallmerayer, Hagion Oros oder der Heilige Berg Athos. In: Fragmente aus dem Orient II. Stuttgart/Tübingen 1845; Neuausgabe, herausgegeben von Fr. R. Riedel. Bozen 1978

E. Feigl, Vorhölle zum Paradies. Wien/Hamburg 1982

E. Kästner, Die Stundentrommel vom heiligen Berg Athos. Wiesbaden 1956; insel taschenbuch 56, Frankfurt 1988

G. Spitzing, Athos. Der heilige Berg des östlichen Christentums. Köln 1990

F. Spunda, Legenden und Fresken vom Berg Athos. Stuttgart 1962

Abbildungsnachweis

Fotonachweis

Reinhard Strippelmann: 7-10, 13, 16, 17, 19, 22, 24-27, 29, 32, 36, 37, 42, 44, 46, 47, 49, 50, 52-58, 62-64, 66, 67, 72-74

Günther Stockinger: 11, 12, 14, 15, 18, 20, 21, 23, 28, 30, 31, 33-35, 38-41, 43, 45, 48, 51, 59-61, 65, 68-71, 75, 76

Inhalt